Eva Pavić

A influência do papel social dos centros comerciais no seu mix de lojistas

Eva Pavić

A influência do papel social dos centros comerciais no seu mix de lojistas

This book is a translation from the original published under ISBN 978-620-2-06953-3.

Publisher:
Sciencia Scripts
is a trademark of
Dodo Books Indian Ocean Ltd. and OmniScriptum S.R.L publishing group

120 High Road, East Finchley, London, N2 9ED, United Kingdom
Str. Armeneasca 28/1, office 1, Chisinau MD-2012, Republic of Moldova, Europe
Printed at: see last page
ISBN: 978-620-8-23947-3

Conteúdo

CAPÍTULO 1

INTRODUÇÃO

l.l.Objeto e finalidade do trabalho

Todos os anos assistimos a um aumento do número de centros comerciais. Assim, muitos centros saem da fase zero, alguns são renovados e outros permanecem como um monumento aos tempos que passaram. Numa altura em que cada vez mais as actividades de retalho são realizadas através da Internet, a importância não só da sobrevivência mas também do progresso dos centros comerciais é maior. O desenvolvimento dos centros comerciais tem de ser mais rápido - pelo menos alguns passos à frente do desenvolvimento dos lojistas individuais, para que os proprietários e gestores possam integrá-los bem nas suas missões e visões.

Embora os centros comerciais sejam frequentemente vistos como as mais poderosas criações de bens de consumo da nova era, são muito mais do que um mero local onde se fazem compras. Logo após a abertura dos centros comerciais, estes assumem um determinado papel social. Este papel é composto por várias componentes - desde o papel da gestão do centro comercial e os seus esforços, as actividades de marketing, o envolvimento dos stakeholders e a resposta final da comunidade. Por outro lado, para a sobrevivência e rentabilidade de um centro comercial, a parte essencial é o tenant mix.

O tema desta tese é exatamente a exploração do papel social dos centros comerciais. O trabalho pretende mostrar a sua importância com a inclusão de todos os stakeholders. O objetivo do trabalho é aprofundar o conhecimento atual sobre a importância do papel social dos centros comerciais e a sua influência nos hábitos de consumo. Para além da revisão da literatura e da apresentação de conhecimentos teóricos da atualidade, para efeitos do trabalho, foi realizada uma pesquisa descritiva simples numa amostra adequada de visitantes dos centros comerciais examinados, obtendo-se assim conhecimentos sobre os seus hábitos, associações positivas e negativas, estimativas subjectivas do seu próprio poder de pagamento e uma perceção dos centros comerciais como locais que são mais do que uma opção para fazer uma compra ocasional.

1.2. Fontes de dados e métodos de recolha de dados

Os dados utilizados na parte teórica do trabalho são recolhidos de fontes secundárias que tratam do tema, tais como artigos científicos, literatura profissional, livros e sítios Web de autores relevantes e reconhecidos da área. Bases de dados como Emerald, EBSCO, Hrcak, entre outras, foram utilizadas para encontrar esses artigos e literatura. Foi realizada uma pesquisa primária para as necessidades do trabalho, sendo esta uma pesquisa simples e descritiva feita através do inquérito por questionário. Os dados foram recolhidos através do método de distribuição em linha.

1.3. Conteúdo e estrutura do trabalho

A tese é composta por seis capítulos inter-relacionados: uma introdução, um centro comercial como um novo formato de retalho, o tenant mix do centro comercial, a análise dos stakeholders, a investigação do papel social dos centros comerciais, todos seguidos de uma conclusão. O artigo começa com os primeiros capítulos introdutórios que descrevem o tema, o objetivo e a estrutura do trabalho com uma breve informação sobre o conteúdo do trabalho. O segundo capítulo explica a noção, o aparecimento e o desenvolvimento dos centros comerciais tal como os conhecemos atualmente. O terceiro capítulo explora o termo tenant mix que é esclarecido com o objetivo de explicar a sua importância nos centros comerciais. O quarto capítulo define os elementos de análise dos stakeholders, as principais teorias e, de seguida, apresenta e explica os stakeholders dos centros comerciais. O quinto capítulo descreve o inquérito realizado aos visitantes dos centros comerciais. Apresenta os objectivos, a amostra e a metodologia da investigação, seguidos da interpretação dos resultados dos dados recolhidos e da conclusão da investigação. Por fim, são apresentadas as conclusões.

CAPÍTULO 2

CENTRO COMERCIAL COMO UM NOVO FORMATO DE RETALHO

A Câmara de Comércio e Artesanato da Croácia define um centro comercial como uma instalação concebida numa área maior, destinada ao comércio a retalho e a outras actividades de serviços com uma gestão única e estacionamento organizado para os consumidores. Existem várias definições diferentes de centros comerciais, mas esta contém as duas principais caraterísticas que marcam o centro comercial como uma forma de venda.[1]

Com o desenvolvimento do comércio em geral e do comércio a retalho, e com a evolução do estilo de vida dos consumidores, o centro comercial é uma resposta às necessidades crescentes dos consumidores. Numa altura em que o estilo de vida acelerado começou a afetar os hábitos e a escolha dos consumidores quanto ao local onde fazer as suas compras, foi criado um centro comercial. Além disso, é um local que tem o seu próprio parque de estacionamento e onde se pode fazer todas as compras necessárias de uma só vez. Juntamente com a venda a retalho nos centros comerciais, existem serviços de hospitalidade para dar mais ênfase à eficiência da visita aos centros comerciais em comparação com as lojas de retalho separadas e os serviços complementares. Finalmente, o facto de terem uma gestão unificada permite efeitos de sinergia.

O centro comercial pode ser o melhor conceito de utilização de terrenos, propriedades e comércio a retalho do século passado. São também considerados como a máquina de consumo mais personalizável e mais poderosa. A indústria dos centros comerciais é uma indústria madura que tem vindo a ser objeto de reposicionamento, remodelação, mudanças na mistura de lojistas e reconfiguração há décadas. Novos conceitos, designs, formas de retalho, tenant mix, soluções arquitectónicas - todos estes recursos são utilizados pela gestão dos centros para os elevar a um novo nível de

---

[1] HOK, http://infos.hok.hr/faq/f_tehnicka_pitanja/f2_organizacija_rada/klasifikacija_prodavaonica

desenvolvimento e, assim, torná-los mais atractivos para o segmento de consumidores-alvo.[2]

O sucesso de um centro comercial depende da qualidade do seu planeamento. Há muitos elementos a considerar no planeamento de um centro comercial. Um exemplo é uma arquitetura unificada. O centro comercial é essencialmente um imóvel comercial em que os inquilinos são diferentes retalhistas e prestadores de serviços. Esta diversidade não deve criar confusão, mas com uma organização simples tem de ser facilmente acessível e reconhecida. A base para responder a estes desafios é a arquitetura unificada - uma arquitetura em que todas as formas se encaixam. No planeamento e na construção, as oportunidades de expansão devem ser definidas antecipadamente. A localização do centro comercial, para ser facilmente acessível, deve ter acessos, entradas e saídas adequados. A disponibilidade de estacionamento para os consumidores é um *connditio sinne qua non* nos centros comerciais. Os consumidores vão a estes centros para fazer todas as suas compras num só local, pelo que é obrigatório ter um espaço de estacionamento disponível para sua utilização. Para além da disponibilidade de estacionamento, a organização do parque de estacionamento deve ser tal que oriente os consumidores nas direcções de movimento pretendidas. Todas as áreas utilizadas pela administração dos centros comerciais, tais como as instalações de manutenção e de back-office do centro, devem estar escondidas dos consumidores. Os centros comerciais também devem ter algumas melhorias ou valor acrescentado que os diferenciem dos ambientes, como a iluminação, o design ambiental ou a sinalização, um ambiente agradável e actividades relacionadas. Todos estes elementos combinados estão envolvidos na formação de um sentido de identidade único e poderoso para este centro. Não é necessário que todos estes elementos estejam presentes, mas o objetivo final deve ser alcançado - transferir a imagem global que identifica tanto os consumidores como os lojistas dos centros comerciais. No final, o sucesso de um centro não se mede apenas pela sua rentabilidade, mas também pelo

---

[2] Beyard, D., O'Mara, P. Shopping Center Development Handbook 3rd edition. Washington, D.C.: ULI-the Urban Land Institute, 2006.

facto de ser uma mais-valia significativa para a comunidade em que se insere.

1.4. Tipos de centros comerciais

Embora um grande número de centros comerciais fechados represente um número significativo de instituições na cultura ocidental moderna, as actividades dos consumidores nos centros comerciais são surpreendentemente pouco exploradas.[3] Mas antes dessa investigação, é necessário definir e classificar os tipos de centros comerciais.

No início do desenvolvimento dos centros comerciais, era algo fácil classificá-los. Eram classificados como centros comerciais de bairro, centros comerciais comunitários e centros comerciais regionais.

Os centros comerciais do bairro caracterizam-se pela oferta de bens destinados ao uso quotidiano, tais como produtos alimentares, cosméticos de primeira necessidade, produtos farmacêuticos ou serviços de vizinhança semelhantes. A loja-âncora deste centro é um grande retalhista de produtos alimentares. Nestes centros comerciais, a chave reside na localização geográfica - a disponibilidade no bairro é o fator mais importante na decisão de visitar este tipo de centro. A variedade da oferta é menos importante.

Os centros comerciais de bairro que têm como loja-âncora um retalhista clássico de produtos alimentares têm o retalhista de bens de consumo. Também é frequente haver retalhistas de mobiliário ou de electrodomésticos. Trata-se de um tipo de centro comercial entre o de conveniência e o regional, pelo que é o mais difícil de determinar com exatidão; este tipo de centro comercial é sempre uma resposta à procura de uma determinada zona e, por isso, varia muito.

Os centros comerciais regionais têm como lojistas-âncora um ou dois retalhistas de mercadorias completas. São excecionalmente grandes na sua superfície e, como outros

---

[3] Bloch, P., Ridgway, N., Dawson, S.: "The shopping mall as consumer habitat", Journal of retailing, Vol. 70, Iss. 1, 1994, str 183-203.

lojistas, têm uma vasta gama de representantes comerciais.[4]

É bastante fácil concluir que, dentro das muitas variações de tipos de centros comerciais, o lojista-âncora e, em menor escala, a dimensão do centro são os dois principais factores determinantes utilizados para categorizar os centros comerciais. As tipologias e subcategorias de centros começaram a desenvolver-se com maior intensidade nos anos setenta e oitenta do século passado. Numa perspetiva de gestão, poderá ser mais importante identificar as caraterísticas do centro que determinam a imagem do centro comercial no mercado onde estão presentes.[5]

Alguns dos tipos adicionais são:

Centro super-regional   - é semelhante a um centro regional, mas é maior e tem várias lojas-âncora, bem como uma variedade ainda maior e, na maioria das vezes, é construído em vários níveis.

-Centro de moda/especializado - nestes centros, a ênfase é colocada nos retalhistas de vestuário moderno e nos acessórios de moda de gama de preços mais elevada

-Power center - poucos inquilinos-âncora de maior dimensão, que incluem retalhistas de desconto, retalhistas de preços mais baixos e retalhistas de categoria, juntamente com menos retalhistas de menor dimensão

-Centro temático - este tipo de centros tem um tema principal que é seguido pela seleção dos inquilinos e pela arquitetura do centro que segue esse tema

- Outlet center - normalmente nestes centros existem lojistas com lojas próprias de outlet que mantêm as suas próprias marcas a preços reduzidos e estão

---

4 Beyard, D., O'Mara, P.: "Shopping Center Development Handbook 3rd edition", ULI-the Urban Land Institute, Washington, D.C., 2006.

5 Finn, A., Louviere, J.: "Cutting Edge Research in Retailing Shopping center image, consideration, and choice: Anchor store contribution", Journal of Business Research, Vol. 35, Iss. 3,1996, str 241-251.

normalmente situados em zonas rurais ou fora da cidade [6]

Existem muitos elementos e tipos de centros comerciais, mas mais pormenores sobre estas classificações serão apresentados abaixo.

1.5. Desenvolvimento de centros comerciais

É difícil determinar o início do desenvolvimento dos centros comerciais. Se partirmos da definição de que um centro comercial é um grupo de lojas destinadas exclusivamente a peões, então existem poucos antecessores dos actuais centros comerciais ao longo da história. Alguns analistas começaram mesmo na Grécia antiga; nessa altura, o centro comercial era uma ágora. A típica cidade grega tinha uma grande área aberta onde os comerciantes locais instalavam os seus showrooms e vendiam os seus produtos. Para além dos seus produtos, produtos da sua própria produção, havia também produtos importados de várias partes do Mediterrâneo. Já os produtos eram agrupados - certos tipos de produtos eram colocados juntos em espaços dedicados da ágora. A Ágora tinha, portanto, um grande número de caraterísticas dos actuais centros comerciais - um local específico para as actividades comerciais na cidade e esse local foi organizado por grupos de produtos.

Algo mais tarde na história, no Médio Oriente, surgiram os chamados bazares. Certamente o mais famoso deles, aquele que ainda hoje existe, é o Grande Bazar de Istambul, na Turquia, cuja imagem pode ser vista abaixo.

[6] Arquitetura do centro comercial, http://mallarchitecture.weebly.com/types-of-shopping-malls.html

Imagem 1 - Grande Bazar

Fonte: http://www.shminhe.coni, datum pristupanja stranici: 26.09.2016.g.

A sua construção teve início em 146 e, apesar de ter sido várias vezes vulnerável devido a incêndios catastróficos, acabou por se tornar uma das maiores áreas fechadas para o comércio. É constituída por vários quarteirões cobertos por telhados e tem mais de 4000 lojas, 500 quiosques, armazéns, pequenas mesquitas, restaurantes e cafés. Significativamente mais pequena em tamanho, mas com um conceito sobreposto, a Galeria Vittorio Emanuele em Milão foi concluída em Itália em 1867. Uma mudança importante em relação à acrópole grega é precisamente o elemento da cobertura. O facto de o espaço ser coberto permite ao consumidor comprar independentemente das condições climatéricas.

Em 1907, em Baltimore, Edward H. Buton construiu um edifício arquitetonicamente único, mesmo à saída da rua, que continha várias lojas. Junto ao edifício havia um espaço dedicado às carruagens puxadas por cavalos. Mais tarde, esse local foi transformado, através de cimento, num parque de estacionamento para automóveis. Mais tarde, nos anos setenta do século passado, quando a empresa proprietária quis demolir o edifício, a população local manifestou-se contra essa ideia - consideraram-na uma destruição de um local com significado histórico.[7]

Mas muitos especialistas consideram o Country Club Plaza, no estado federal norte-americano do Kansas, como o primeiro verdadeiro centro comercial tal como o conhecemos atualmente. Foi inaugurado em 1922 e é composto por vários edifícios construídos em estilo espanhol. Embora, no sentido estrito, pertença à categoria de áreas comerciais e não de centros, o facto de estar sob uma gestão unificada e de ter um conjunto comum de lojistas definiu-o como o primeiro do seu género.

Um desenvolvimento semelhante está também presente em países europeus como o Reino Unido ou a França. É bastante claro que o aparecimento e o desenvolvimento dos centros comerciais é apenas uma resposta às necessidades dos consumidores. A evolução dos estilos de vida e dos hábitos também desenvolveu as ofertas. O maior ponto de viragem foi a tecnologia. Foi precisamente a revolução industrial que criou novos empregos e, por conseguinte, criou consumidores - todos os trabalhadores que tinham os seus empregos seguros. Pouco depois, o automóvel pessoal passou a fazer parte do quotidiano destes trabalhadores. Tudo isto levou à redefinição do consumidor - um trabalhador que precisava de ter a oportunidade de fazer compras num só local, à hora que lhe conviesse, fora do seu horário de trabalho. A disponibilidade do local e do parque de estacionamento foi a chave para iniciar uma definição clara deste tipo de conceito.

Nenhuma das investigações realizadas conseguiu responder à questão, ou decompor o fenómeno da experiência de um centro comercial.[8] Mas, certamente, é melhor começar a análise nos Estados Unidos. O mercado americano é certamente o melhor local para observar o desenvolvimento dos centros comerciais, dadas as circunstâncias políticas

[7] Beyard, D., O'Mara, P.: "Shopping Center Development Handbook 3rd edition", ULI-the Urban Land Institute, Washington, D.C., 2006.
[8] Gilboa, S., Vilnai-Yavetz, I.: "Shop until you drop? An exploratory analysis of mall experiences ", European Journal of Marketing, Vol. 47, Iss. 1/2, 2013, str 239-259

e os estilos de vida que estiveram na base do desenvolvimento destas formas de retalho. Noutras partes do mundo, surgiram elementos de desenvolvimento semelhantes em diferentes momentos da história, mas em intervalos de tempo variados. Alguns mercados copiaram com êxito a prática observada, enquanto outros desenvolveram modelos existentes em função das oportunidades existentes nos seus mercados.

No desenvolvimento histórico dos centros comerciais dos EUA, houve muitos acontecimentos importantes, mas é importante distinguir os seguintes:

- Em 1931, foi construído o primeiro projeto comercial em Dallas, em que as montras estavam viradas para o interior.

- Em 1937, o renovado complexo residencial de River Oaks transformou-se num centro comercial onde as rendas eram pagas em percentagem do volume de negócios, o que se tornou o padrão no comércio.

- Em 1950, foi inaugurado o centro comercial Northgate em Seattle - o primeiro centro fora da cidade, que também tinha um lojista-âncora com um sortido completo.

- Em 1956, foi concluída a construção de um centro comercial de dois andares em Southdale, com todas as lojas sob o mesmo teto e rodeado por um jardim.

- Em 1957, foi criado o Conselho Internacional de Centros Comerciais em Nova Iorque.

- Na década de 70 do século passado, surgiu uma novidade - o planeamento dos centros comerciais e o seu funcionamento está a ser avaliado e redefinido. Os ajustes devem-se a mudanças no financiamento, arrendamento, localização, construção e expansão da gestão operacional.

- Oitenta anos foram marcados pela segmentação, diversificação e diferenciação dos centros comerciais. Além disso, já não se trata apenas de um centro comercial, um local onde se fazem compras, mas também começam a surgir e a ser reconhecidos os outros aspectos positivos destes objectos comerciais - começa o desenvolvimento de espaços de escritórios ou de hotéis. Também se regista um crescimento da oferta de instalações hoteleiras dentro dos centros. As partes comuns dos centros comerciais tornam-se o que era reservado aos centros das cidades, locais de encontro populares, um local onde as pessoas se encontram, se cumprimentam, um local para ir ver e ser visto. O centro comercial começa a ter um papel social importante.

- Nos anos 90, o desenvolvimento excessivo dos centros comerciais passou. No entanto, muitos retalhistas que caíram desde a grande recessão sofreram um choque. Este ramo da economia entrou na fase de maturação e, por conseguinte, chega a um ponto do ciclo de vida em que tem de ser redefinido ou tingido.[9]

- Até hoje, os centros comerciais estão a ser renovados ou ampliados. Estão a ser inventados novos conceitos. Existe mesmo um fenómeno de inversão - os centros comerciais deixam de ser centros comerciais ou mudam simplesmente de forma.[10]

Ao longo da sua história, os centros comerciais têm sido alvo de muitos golpes significativos - recessões, falta de recursos energéticos, maior preocupação com o ambiente, mudanças no comportamento dos consumidores, alterações demográficas e excesso de construção. Atualmente, a sua maior ameaça, bem como a de outras formas de comércio, é o comércio através da Internet. Mas, apesar de tudo isto, os centros comerciais sobreviveram. Adaptam o seu aspeto, conceito e oferta, mas continuam presentes no mercado devido ao papel social que oferecem aos consumidores.

1.6. Elementos dos centros comerciais

Uma das classificações mais comuns dos centros comerciais é a que os divide em seis tipos, desenvolvida por Dawson (1983, in Sikos T. et al, 2004) - esta divisão classifica os centros da seguinte forma

1. Centros comerciais independentes de uso geral o Centro comercial de bairro o

---

[9] Ibid.
[10] Beyard, D., O'Mara, P. (2006) Shopping Center Development Handbook 3rd edition. Washington, D.C.: ULI-the Urban Land Institute

Centros comerciais comunitários

o Centro comercial regional

2. Centros comerciais para fins gerais em zonas comerciais tradicionais centros renovados

    o Incluídos em tais distritos

    o Alargamento dessas zonas

3. Desenvolvido como parte da renovação do centro da cidade

4. Centros comerciais multifuncionais

5. Centros comerciais auxiliares

6. Centros comerciais orientados

As caraterísticas mais importantes destes centros podem ser observadas no quadro que se segue, que apresenta as caraterísticas básicas dos tipos.

Desde o seu início, os centros comerciais adaptaram-se e mudaram constantemente, tanto no seu estilo como no seu conteúdo, de modo a atrair visitantes mais sofisticados. [11] Existe outra razão para a difícil classificação dos centros comerciais.

Outra classificação típica dos centros comerciais é a de Guy (1994, in Sikos T. et al, 2004), que diferencia os seguintes 6 tipos com base na sua aparência:

1. Centro comercial focalizado ou centro comercial de bairro

2. Parque comercial

3. Centro comercial

4. Centro comercial regional

5. Centro de distribuição da fábrica

6. Centro especializado

A caraterística específica dos dois últimos tipos de centros é o facto de não terem o

[11] Craig A.,Turley, M.: "Malls and consumption motivation: an exploratory examination of older Generation Y consumers", International Journal of Retail & Distribution Management, Vol. 32 Iss 10, 2004, str. 464 - 47

chamado lojista-âncora. No quadro seguinte são apresentadas as possíveis ocorrências geográficas destes centros.[12]

De acordo com a prática do sector, a classificação definida pelo International Council of Shopping Centers é a mais utilizada. De acordo com esta classificação, e pela sua arquitetura e design, os centros comerciais podem ser classificados em 3 grupos. Dentro destes grupos, foram reconhecidos 9 centros comerciais:

1. Um centro comercial fechado, com ruas grandes e pequenas, com clima e iluminação controlados

    a. Centro regional - tem uma gama geral de retalho. Os retalhistas e serviços de moda estão largamente presentes nestes centros. A sua maior atratividade está contida numa boa combinação entre a loja-âncora e as diversas lojas de roupa de moda.

Slika 2 - Centro regional de transportes de primeira linha Centro da cidade de WestEnd, Budapeste 33
Izvor: http://www.formula.voyage/, datum pristupanja stranici: 26.09.2016.g.

    b. Centro super-regional - é muito semelhante a um centro regional, mas é maior. É por isso que há uma série de lojas-âncora e a variedade de lojas é maior. Na maioria das vezes, é um edifício de vários andares.

---

[12] Reiki, M.: "A chave do sucesso nos centros comerciais", MOK XIV, Budapeste, 2012

Slika 3 - Primeiro centro de investigação super-regional de Alstertal, Hamburgo

Izvor: http://www.ece.de, datum pristupanja stranici: 26.09.2016.g.

2. Centro comercial de tipo aberto - em que determinados retalhistas se limitam a passar de um para outro. Têm um parque de estacionamento partilhado situado em frente às lojas, mas não têm ruas fechadas. Os formatos habituais são L, U e Z, enquanto o formato I é mais frequentemente utilizado em zonas residenciais e centros comerciais em povoações.

3. Um centro comercial de bairro - um centro comercial que torna conveniente para os visitantes a compra de produtos de uso quotidiano e que se desenvolve em áreas residenciais.

Slika 4 - Primjer trgovackog centra u susjedstvu STOP.SHOP., Budapeste

Izvor: http://rw-ese-hu.inforce.dk, datum pristupanja stranici: 26.09.2016.g.

4. Power Shopping Centers - são caracterizados por um número de lojas-âncora, lojas de desconto, tais como artigos para o lar e alimentação, etc., presentes em muitas das suas formas de apresentação. No que diz respeito à forma, estes podem ser formatos separados de "big-box" com várias lojas especializadas mais pequenas.

Slika 5 - Primjer Power trgovackog centra Market Central Ferihegy, Vecse
Izvor: http://marketcentral.hu, datumpristupanja stranici: 26.09.2016.g.

5. Centros comerciais temáticos ou festivos - estes centros são desenvolvidos sob um tema comum, tanto em termos de arquitetura e tipos de produtos, como nas ofertas de retalho. O entretenimento é um elemento extremamente importante para estes centros e o motivo de atração dos turistas, mas também são visitados pelos residentes locais.

Slika 6 -Primjer tematskog trgovackog centra Kanyon, Istambul

Izvor: http://www.e-architect.co.uk/istanbul/kanyon-levent, datum pristupanja stranici: 26.09.2016.g.

6. Centros comerciais de estilo de vida - na maioria dos casos, são construídos em torno de um bairro considerado de elite ou onde os habitantes da população têm um forte poder de compra. Estes centros tentam combinar as necessidades dos consumidores em termos de compras com as necessidades do seu estilo de vida. Os lojistas são especializados em lojas de preço elevado e no espírito de recreação diversificada, tanto a restauração como o lazer são divertidos e agradáveis para os visitantes, enquanto o ambiente é o de um centro urbano (fontes, bancos, parques, etc.). Os lojistas-âncora são, na maioria das vezes, lojas orientadas para a moda.

Slika 7 - Parque Istinye, Istambul

Izvor: http://www.luxuryhotelsofturkey.com/, datumpristupanja stranici: 26.09.2016.g.

7. Centros comerciais híbridos - estes centros são criados por uma combinação de alguns dos tipos dos dois grupos anteriores - por exemplo, mega centros comerciais orientados para o valor, em que o mesmo edifício é uma loja de departamentos, bem como um Power Center e até um outlet.

Slika 8 - Primjer hibridnog trgovackog centra Istinye Park, Istambul - centro híbrido

Izvor: http://www.avmgezgini.com/, datum pristupanja stranici: 26.09.2016.g.

A classificação de Levy e Weitz está mais próxima das condições do mercado atual - utilizam todos os tipos acima mencionados. Devido à sua relevância, é necessário especificá-los:

1. Centros comerciais de bairro - um grupo de retalhistas com uma gestão conjunta. Estes retalhistas têm os seus lugares de estacionamento. Os seus lojistas-âncora são supermercados ou lojas de produtos alimentares e incentivam as compras diárias.

2. Centros comerciais potentes - os chamados retalhistas "big box", como as grandes cadeias de lojas de desconto, estão normalmente agrupados nestes centros comerciais. Na maioria dos casos, escolhem uma posição perto de um centro comercial fechado ou de uma loja de departamentos.

3. Centro comercial - um edifício fechado com temperatura e iluminação controladas, onde as lojas estão dispostas em ambos os lados e separadas por ruas e passagens

4. Centro comercial Lifestyle - este tipo de centro comercial é extremamente popular atualmente e, na maioria das vezes, contém grupos de lojas especializadas, sobretudo de vestuário de moda, entretenimento e restaurantes. Na maioria das vezes, têm uma praça bem conservada e aberta ou uma rua principal da cidade.

5. Moda / centro especializado - um centro comercial onde a maioria das lojas são casas de alta costura, boutiques e galerias de presentes, onde mais preços significam alta qualidade e valor da marca. A maioria dos retalhistas são proprietários de marcas.

6. Centro Outlet - Este centro comercial contém maioritariamente lojas de fabricantes e lojas outlet. Do ponto de vista do sortido de produtos, oferecem as roupas mais modernas com um forte valor de marca, acessórios de moda e mobiliário para casa.

7. Centro comercial temático/festival - estes centros são definidos por um tema e design do edifício e os retalhistas estão de acordo com este tema. Têm o poder de atrair turistas e, muitas vezes, são também uma espécie de centro de entretenimento, uma vez que o seu principal cliente é um estabelecimento de entretenimento. Noutros casos, os centros comerciais tentam imitar um local ou um acontecimento histórico.

8. Omnicentar - combina vários tipos de centros comerciais e, muitas vezes, combina vários tipos descritos anteriormente - como um centro de estilo de vida ou um Power Center. Devido às suas diferentes caraterísticas, oferece a oportunidade de efetuar diversas compras no mesmo local.

9. Centro de uso misto - Estes centros funcionam dentro de um complexo multifuncional e são, portanto, para além de um centro comercial, um espaço de

escritórios, um hotel ou talvez um edifício residencial ou um centro cultural. Os retalhistas adoram-no porque atrai mais visitantes ao centro comercial do que um centro comercial normal.

Pode dizer-se que não existe uma visão única sobre a classificação dos centros comerciais, sendo que, na maioria dos casos, a localização geográfica, a arquitetura, a forma de comércio ou os lojistas determinam qual o tipo de centro comercial a classificar.

Depois de todas as definições apresentadas anteriormente, é óbvio que existem algumas semelhanças, mas ainda assim, está longe de haver uma padronização. É absolutamente inacreditável a quantidade de definições diferentes de centros comerciais que existem. Independentemente do nível de organização que cria novas definições e divisões, a normalização ainda não foi alcançada. Embora esta área seja extremamente complexa e, por isso, não facilite a tarefa de normalização, não existe nenhum ramo da ciência em que seja impossível reconhecer e definir alguns padrões e repetições seguindo as mesmas regras. Nesse caos, figurativamente falando, a gestão por parte da administração de shopping centers torna-se ainda mais difícil. Assim, é de crucial importância que a gestão de um centro comercial saiba até que ponto os seus centros comerciais são apelativos para os visitantes[13] , e para o saber, necessita de investir muitos recursos na análise e planeamento dos centros comerciais.

---

[13] El-Adly, M.: "Atratividade dos centros comerciais: uma abordagem de segmentação". International Journal of Retail & Distribution Management, Vol. 35, Iss. 11,1994, str 936-950

CAPÍTULO 3

MIX DE LOJISTAS DOS CENTROS COMERCIAIS

O aumento dos preços e a intensa concorrência reduzem constantemente a rentabilidade de projectos como os centros comerciais.[14] Por isso, é necessário prestar muita atenção ao planeamento do tenant mix. Os lojistas dos centros comerciais são o seu tecido fundador e, sem bons ou adequados lojistas, o centro não pode funcionar. Os lojistas devem ser acordados na fase de planeamento. O próprio facto de ter de se saber antecipadamente em que direção vão ser colocados, antes mesmo de construir um centro comercial, demonstra a importância da sua escolha. As negociações com os potenciais lojistas determinam as plantas dos pisos, os lugares de estacionamento e a arquitetura do próprio centro comercial. Por conseguinte, é evidente que não podem ser iniciadas quaisquer obras de construção de um centro num terreno selecionado enquanto os lojistas, especialmente os lojistas-âncora, não forem designados, selecionados e vinculados por algum documento.

3.1. Lojistas-âncora

A importância dos lojistas-âncora no centro comercial não pode ser subestimada. O seu papel é crucial para o sucesso do próprio centro. A escolha dos lojistas-âncora não é determinada por nenhuma fórmula ou regra universal, mas depende de um grande número de factores. Cada comunidade ou ambiente do centro é específico por si só - cada um tem caraterísticas específicas de mercado que devem ser respeitadas.

Uma vez que o promotor conhece as caraterísticas do mercado em que o centro será construído, a decisão deve ser tomada em primeiro lugar em relação aos lojistas-âncora

---

[14] Singh, H., Sahay, V.: "Determinants of shopping experience", International Journal of Retail & Distribution Management, Vol. 35 Iss 35,2012, str. 936 - 950

e depois em relação aos outros lojistas.

É mais simples salientar a importância dos arrendatários-âncora descrevendo a força da sua atratividade comercial. Nomeadamente, os lojistas-âncora têm uma marca tão forte, grandes investimentos em actividades de marketing e uma presença longa e estável que, por si só, é suficiente para atrair os consumidores. Gerar o maior número possível de visitantes para um centro comercial é a chave para o sucesso do próprio centro, onde os lojistas-âncora desempenham um papel fundamental.

O centro comercial é reconhecido como uma das 50 inovações mais importantes que revolucionaram a vida dos consumidores americanos.[15] Por isso, não é de estranhar a atenção que é dada aos lojistas-âncora. Existe uma classificação que, dependendo do tamanho do centro, diz que tipo de retalhista deve ser o lojista-âncora:
- O centro comercial de bairro, como inquilino principal, tem uma mercearia e, com ela, uma farmácia
- O centro comercial na liquidação como locatário-âncora tem um desconto ou um retalhista especializado
- O Centro Regional, enquanto loja-âncora, tem pelo menos um retalhista de gama completa
- O Super Centro Regional, enquanto loja-âncora, tem 3 ou mais retalhistas de gama completa
- O Power Center, como loja-âncora, tem alguns dos chamados "grandes armazéns" - retalhistas especializados com preços muito baixos

Esta classificação é o quadro de base que constitui o ponto de partida. É claro que, de acordo com as condições do mercado, tudo o que foi dito acima é significativamente diferente.

---

[15] Zafar, A.: /'Malaysian shopping mall behavior: an exploratory study", Asia Pacific Journal of Marketing and Logistics, Vol. 19 Iss 4, 2007, str. 331 - 348

Os lojistas-âncora devem ser cuidadosamente localizados dentro do centro. A regra mais comum é deslocá-los para a parte mais afastada da entrada do centro comercial. Desta forma, os visitantes dos centros comerciais são guiados para passarem pelas montras dos outros lojistas. Aqui é visível o poder dos lojistas-âncora que, pela sua própria atração, atraem os visitantes para o centro. Se houver mais lojas-âncora, estas devem ser colocadas nos pontos mais afastados entre si.

3.2. Mix de inquilinos

O centro comercial é, antes de mais, um bem imobiliário. É um edifício construído com um objetivo muito específico. A análise da procura permite saber qual a oferta de retalhistas necessária, e é aqui que se encontra a solução arquitetónica. Existem várias formas arquitectónicas de centros comerciais - formas circulares ou elípticas, quadradas ou rectangulares, de rés do chão ou de vários andares, em cruz, etc. Qualquer forma é determinada da maneira mais adequada ao plano pré-determinado dos lojistas e está alinhada com as regras, leis e regulamentos locais relativos à construção.

Entre os principais factores de sucesso do centro comercial contam-se a localização e a acessibilidade, a área de influência, o parque de estacionamento, a disposição e a adequação.[16] Mas, certamente, a parte mais importante é o tenant mix. O tenant mix ideal é aquele que consegue sinergia. A sinergia manifesta-se na diversidade dos retalhistas presentes, bem como de outros lojistas do centro, para que funcionem bem em conjunto, de modo a incentivar uma estadia mais longa e, consequentemente, os gastos dos visitantes.

Juntamente com a estratégia de planeamento, o inquilino é os promotores devem ter em mente alguns factores adicionais:

- Adequação do inquilino ao local - extremamente importante para a determinação

---

[16] Garg, A., Steyn, S.: "The Ideal Tenant Mix and Shopping Centre Size for the Proposed Thatchfield Convenience Centre", International Journal of Business and Management; Vol. 10, No. 1; 2015

do contrato de arrendamento

- Preferências dos consumidores do meio envolvente para os lojistas individuais
- Compatibilidade e complementaridade entre lojas adjacentes
- Compatibilidade das práticas comerciais do lojista com as das lojas adjacentes
- Lugares de estacionamento necessários gerados pelo locatário
- O inquilino de adequação para a população local

Existem muitas regras a seguir e a utilizar no planeamento de um centro comercial, mas não existe uma fórmula universal que valha a pena aplicar em todo o lado. Em primeiro lugar, é mencionado que as lojas-âncora devem estar localizadas o mais longe possível da própria entrada ou da parte central do centro comercial, bem como o mais longe possível umas das outras se houver mais lojas-âncora. Além disso, uma boa regra é utilizar grupos lógicos para tornar a orientação mais fácil e intuitiva. Um exemplo de um grupo deste tipo é o agrupamento de serviços e reparações, depois lojas de alta costura ou uma variedade de retalhistas de equipamento e artigos para o lar.

Na última década, em todo o mundo, registou-se um aumento significativo do número de centros comerciais em diferentes formas, pelo que não é de estranhar a existência de novos estudos.[17] São uma boa base para uma análise e planeamento complexos. As análises complexas e o planeamento dos lojistas-âncora são extremamente importantes tanto para os lojistas como para os promotores. O nível da renda deve ser determinado de forma a ser suficientemente baixo para que o lojista a pague e suficientemente elevado para que o promotor tenha oportunidade de reinvestir no próprio centro comercial e lucrar com isso. Na pesquisa destes números, rácios e relações, foram cristalizadas algumas regras ou ocorrências frequentes relacionadas com a própria localização da loja:[18]

- A maior concentração do movimento dos consumidores num centro comercial encontra-se no seu centro - mais frequentemente no ou perto do retalhista ou dos

---

[17] Vural, T., Filiz, A., Sezer, S., Isigicok, E: "Magnetism of shopping malls on young Turkish consumers", Young Consumers, Vol. 11 Iss, 2010 str. 178 -1
[18] Carter, C.: "A Method for Determining Optimal Tenant Mix (Including Location) in Shopping Centers", Cornell Real Estate Review, 10, 2012, str.72-85

pontos de venda dos retalhistas e o movimento dos consumidores desce até à extremidade do centro comercial

* O tamanho da loja aumenta, a renda por metro quadrado diminui e os lucros por metro quadrado diminuem com a distância da parte central do centro comercial

* Os retalhistas de tipo igual orientados para as compras comparativas estarão geralmente dispersos e não em grupos

-A concentração dos mesmos tipos de retalhistas, independentemente de seguirem ou não o princípio da compra por comparação, tem rendas e rendimentos mais baixos ao longo do tempo

É simples constatar que, por exemplo, um grande número de lojas do mesmo tipo, ou seja, uma loja de calçado para homem, terá um impacto negativo na economia do correio porque criará um ambiente demasiado competitivo que limita o número de compras efectuadas a um maior número de lojas. Um número mais reduzido de lojas deste género criará um ambiente complementar e não excessivamente competitivo. Ao analisar a localização de certas lojas num centro comercial, a dispersão, em vez de agrupar o mesmo tipo de retalhistas, funciona melhor. Por isso, o número e a distância de separação entre essas lojas é um problema que precisa de ser resolvido, cuja solução seria um acréscimo significativo ao conhecimento sobre centros comerciais. A determinação das distâncias necessárias entre os retalhistas do mesmo tipo ajudaria a determinar o número de lojas do mesmo tipo, uma vez que o espaço livre no interior do centro comercial é limitado e, por conseguinte, o número de lojas do mesmo tipo que podem estar presentes nessa área é limitado. A utilização desta informação, cujos parâmetros podem ser definidos com exatidão, conduziria a uma resposta à questão do conjunto ideal de lojistas, incluindo a sua localização, para um centro comercial normal. A questão passa então a ser a melhor forma de utilizar estas regras como factores para obter resultados óptimos. Antes de utilizar os resultados ideais, seria útil determinar primeiro os detalhes das outras características de localização das lojas individuais no centro comercial.

Os lojistas geram receitas para os centros comerciais e o valor de tal projeto para os proprietários depende, portanto, das necessidades do consumidor de bens e serviços oferecidos pelo centro comercial[19] . Uma boa combinação de lojistas inclui uma grande variedade de retalhistas e serviços compatíveis ou complementares, uma afetação eficiente do espaço (tanto em termos de dimensão como de número) e uma acomodação adequada dos lojistas que incentive o consumo e as trocas comerciais. Em termos gerais, deve incluir conteúdos e serviços públicos suficientes, tanto em termos de quantidade como de qualidade. Uma essência que melhora a qualidade do ambiente de um centro de negócios - para satisfazer as necessidades dos visitantes, tais como bens e serviços, acessibilidade, animação, entretenimento e conteúdos de acompanhamento, todos fazem parte do tenant mix. O tenant mix gap é uma combinação diversificada de grupos homogéneos e heterogéneos que geram um aumento do volume de negócios em ambos os sentidos. O conceito de Marshall pode ser igualmente aplicado aos centros comerciais, uma vez que as empresas que produzem o mesmo bem comercial também podem beneficiar do agrupamento. Tal como a cidade exige diversidade, esta é igualmente necessária para um centro comercial. Quanto maior for o centro comercial, mais variedade é necessária. Quanto maior for a diversidade, maior é a produtividade que pode ser alcançada. Consequentemente, o agrupamento dos retalhistas pode gerar diversidade e aumentar a atratividade. Na teoria do comércio retalhista de Nelson (1958), afirma-se que um conjunto de lojas que vendem produtos do mesmo tipo terá um maior volume de negócios se estiverem localizadas adjacentes ou, pelo menos, perto delas, do que se estiverem dispersas ou espalhadas. Esta é a principal razão para o agrupamento. Para além de Nelson, há muitos cientistas que provaram a importância do agrupamento. A essência do centro comercial é o agrupamento de lojas-âncora, de bens e serviços comparativos e de categorias de retalho populares ou de moda. Por outro lado, nas partes periféricas dos centros comerciais encontram-se lojas e serviços de funções complementares. É por isso que as lojas situadas na zona mais frequentada pelos visitantes são as principais, enquanto outras se situam nos locais circundantes. A

---

[19] Bruwer, J.: "Solving the ideal tenant mix puzzle for a proposed shopping centre: a practical research methodology", Property Management, Vol. 15 Iss: 3,1997, str.160 -172

existência deste rácio pode ajudar a explicar a importância da imagem e do tema do próprio centro. Só a combinação certa com as categorias corretas entre as lojas-âncora e outros lojistas menos importantes pode definir corretamente a imagem dos centros. [20]

Um centro comercial é um grupo de diversos retalhistas e serviços comerciais dentro de um edifício cuidadosamente planeado e concebido com uma gestão única ou um grupo de edifícios que funcionam como um só (ICSC, 2002; Urban Land Institution, 1999). A partir deste

definição, pode concluir-se que o agrupamento de retalhistas nos centros comerciais é cuidadosamente planeado e firmemente controlado pela administração do centro.

A variedade de categorias e marcas de retalho é o resultado do tenant mix. Estudos anteriores já indicaram que o tenant mix é crucial para o sucesso do centro comercial. O tenant mix é certamente um dos principais elementos na definição da imagem de um centro comercial. No entanto, alguns gestores e investigadores continuam a considerar o tenant mix como um enigma na gestão do centro comercial. A razão para tal é o facto de a criação do tenant mix ser uma arte feita pela gestão de um centro comercial. O Centro Comercial Regional também tem normalmente mais de 100 unidades - pelo que as possibilidades de implantação e de acordos em torno de retalhistas e marcas são quase infinitas. Dado que qualquer potencial tenant mix contribui de forma distinta para a imagem de um centro comercial, a questão é saber se é possível identificar um tenant mix ideal ou equilibrado para cada centro comercial. Além disso, o tenant mix não é uma categoria estática - o mercado está a mudar ao longo do tempo, bem como as preferências dos consumidores e as tendências da moda. Por conseguinte, mesmo as condições ideais alcançadas durante uma estação ou período não têm de ser adequadas para a estação seguinte. Além disso, o sector retalhista é quase um mercado perfeitamente competitivo, pelo que é comum que as actividades da concorrência

---

[20] Oujuk, C.: "Analysis of tenant mix in shopping malls. The case study of the junction and T malls", Nairobi, 2010

afectem sempre drasticamente as estratégias de marketing. Consequentemente, os gestores dos centros precisam de ajustar o seu tenant mix de forma consistente para poderem acompanhar as tendências do mercado. Nestas circunstâncias, não é invulgar considerar como o tenant mix pode ser o domínio dos gestores de centros.

3.3. Avaliação do inquilino

A avaliação do lojista é, na sua essência, uma avaliação do sucesso do centro comercial em geral. Nomeadamente, como já foi referido anteriormente, o centro comercial depende de um conceito bem concebido e de acordo com o conceito de tenant mix. São precisamente estes lojistas selecionados que, em conjunto, devem ter um efeito sinérgico e, tendo em conta a rápida evolução das tendências, é importante avaliá-los constantemente.

O sucesso de um centro comercial pode ser visto através do sucesso da gestão de um centro comercial. No entanto, é importante ter em conta que o trabalho começou muito antes, e o processo de avaliação deve ser efectuado mesmo após a fase em que os promotores tomaram decisões importantes, e até que ponto tiveram em conta as recomendações relacionadas com os elementos constituintes dos centros comerciais.

A avaliação do sucesso de um centro comercial pode ser feita através de uma estimativa do valor atual da propriedade. Se o centro comercial escolheu bem os seus lojistas e se tornou parte da comunidade em que opera, é certo que o valor da propriedade aumentou. A melhor forma de o fazer é através dos lucros gerados pelos pagamentos de rendas pagos pelos lojistas. Isto significa que o valor de um centro comercial enquanto propriedade é determinado de duas formas - através do valor do terreno e através dos retornos que tem através dos arrendamentos. As questões das rendas e das práticas implementadas nos centros comerciais em todo o mundo têm atraído a atenção de muitos especialistas e teóricos desta área. Há uma série de factores que influenciam a determinação da renda, dos quais apenas alguns - o tamanho do espaço arrendado, o tamanho da quota no espaço comum do centro, a força do inquilino - é um inquilino-âncora ou não, a distância da parte mais atractiva do centro e muitos outros. Não existe uma fórmula universal para a estimativa, mas a prática, em combinação com as teorias em que ainda se está a trabalhar, é certamente um bom ponto de partida.

CAPÍTULO 4

PARTES INTERESSADAS ELEMENTOS DE ANÁLISE

3.4. Definição da análise das partes interessadas

A análise das partes interessadas pode ser definida como a identificação de indivíduos, grupos ou instituições que podem ou podem ser afectados por uma ação, e como podem ser influenciados por uma determinada ação e a sua classificação pela força da influência que têm nessa ação ou pela força com que essa ação os influenciará. Este conhecimento é crucial para avaliar como lidar com os interesses dessas partes interessadas no âmbito dessa ação, que pode ser um projeto, um plano, um programa, etc. A análise das partes interessadas é um fator-chave para a gestão das partes interessadas.

A análise das partes interessadas determinará, por conseguinte, quais os grupos, indivíduos ou instituições que são fundamentais para um determinado projeto, programa, etc., e as formas como os seus interesses afectam o próprio projeto. Os seus interesses também podem ser afectados positiva e negativamente, o que significa que afectam o risco e a sustentabilidade do projeto. Para além das formas como um determinado projeto afecta um determinado projeto, devem ser tidos em conta os pontos fortes que o afectam. É igualmente importante salientar que o seu impacto pode ser direto ou indireto, o que também deve ser tido em conta.

A análise das partes interessadas determinará, por conseguinte, quais os grupos, indivíduos ou instituições que são fundamentais para um determinado projeto, programa, etc., e as formas como os seus interesses afectam o próprio projeto. Os seus interesses também podem ser afectados positiva e negativamente, o que significa que afectam o risco e a sustentabilidade do projeto. Para além das formas como um determinado projeto afecta um determinado projeto, devem ser tidos em conta os pontos fortes que o afectam. É igualmente importante salientar que o seu impacto pode ser direto ou indireto, o que também deve ser tido em conta.[21]

A abordagem acionista surge na década de 70 do século passado. Nomeadamente, durante esta década, constatou-se a ineficácia da diversificação dos conglomerados e este facto, associado a um aumento da importância dos investidores institucionais, conduziu a uma abordagem acionista. Esta abordagem baseia-se na ênfase da importância dos proprietários de capital (acionistas) na governação das empresas. O ponto de vista é que os problemas sociais são do domínio do governo e dos interesses individuais, enquanto a abordagem dos acionistas exige que o dinheiro de uma empresa não tenha uma função social. Esta abordagem não tardou a trazer as consequências - num sistema em que o objetivo principal de maximizar o valor para os acionistas foi o aparecimento de desemprego, desigualdades sociais e exclusão social. O resultado foi também um reinvestimento insuficiente dos lucros. O desenvolvimento sustentável exigia uma abordagem diferente. Após o aparecimento destas consequências indesejáveis, surgiu a necessidade de associar os princípios do desenvolvimento sustentável e o princípio da maximização do valor para os acionistas e do desenvolvimento sustentável. As condições económicas actuais ainda reflectem o desequilíbrio entre estes princípios, o que é evidente nas crises económicas dos últimos vinte anos. Alguns autores assinalam este facto abertamente . [22]

Durante os anos oitenta do século XX, a abordagem acionista, graças às circunstâncias económicas e políticas, não perdeu a sua força. É importante sublinhar que não foi inteiramente constituída por novas ideias. Os autores que se debruçaram sobre temas de gestão enfatizaram esta questão mais de vinte anos após a publicação do livro de Edward Freemann (1984) "Strategic Management: Stakeholder Approach" de Edward Freemann (1984). A ideia de Freeman decorre da perceção de que a comunidade

---

[21] Tools for Institutional, Political, and Social Analysis of Policy Reform: A Sourcebook for Development Practitioners; Publicações do Banco Mundial, 2007.
[22] Klindzic, M., Knezevic, B., Maric, I.: "Stakeholder Analysis of Social Supermarkets",Poslovna izvrsnost: znanstveni casopis za promicanje kulture kvalitete i poslovne izvrsnosti, 10(1), 2016, str. 151-165

empresarial não pode ser autossuficiente, mas depende também de factores externos, do ambiente. Em termos simples, de acordo com o conceito de governação empresarial, a empresa deve alargar a sua missão de modo a incluir outras partes interessadas, para além dos acionistas e proprietários, com o objetivo de aumentar o círculo de partes interessadas e de implementar um comportamento socialmente responsável.

A ideia de alargar o círculo das partes interessadas não é nova. As empresas sempre analisaram as necessidades dos consumidores, bem como as necessidades dos seus próprios empregados. A nova abordagem à expansão das partes interessadas manifestou-se numa abordagem mais estratégica e mais proactiva. A estratégia organizacional deve conduzir ao respeito pela solidariedade e pela igualdade.

Os problemas de responsabilidade social existem desde o início dos anos 90, e os planos empresariais e políticos começaram a respeitá-los. A Responsabilidade Social das Empresas (RSE) tornou-se mesmo uma tendência. A economia, a teoria da organização e as estratégias, juntamente com o direito e a ética, baseiam-se na teoria das partes interessadas, mas as empresas socialmente responsáveis estão no centro das atenções. De acordo com os princípios das empresas socialmente responsáveis, por razões éticas e morais e para benefício mútuo, a responsabilidade empresarial é dirigida a todas as partes interessadas. Mais precisamente, as empresas socialmente responsáveis representam obrigações e actividades que ultrapassam mesmo a regulamentação legal da informação empresarial nas áreas do comércio, saúde e segurança, proteção do consumidor, proteção do ambiente e direitos humanos. Pode ser designado como um método de autorregulação empresarial (Katsoulakos & Katsoulacos, 2007).

A par das empresas socialmente responsáveis, está também a surgir o conceito de responsabilidade social das empresas (RSE). Tal como o conceito de empresa socialmente responsável, está também significativamente associado à teoria da governação empresarial. A sustentabilidade empresarial está associada à estabilidade empresarial a longo prazo, à sobrevivência da organização e aos conceitos de desenvolvimento sustentável. Aborda sistematicamente os problemas das actuais partes interessadas no contexto de uma proteção eficaz, do apoio e da melhoria dos recursos naturais e humanos de que as partes interessadas necessitarão no futuro. O impacto económico e social da empresa, bem como a influência da empresa no ambiente, são a base das estimativas e da responsabilidade empresarial e da sustentabilidade empresarial. As empresas esforçam-se por tomar medidas para melhorar a organização de acordo com os requisitos das partes interessadas e as partes interessadas informam sobre as medidas tomadas (Katsoulakos & Katsoulacos, 2007).

De acordo com a teoria das partes interessadas, uma empresa é considerada como o centro de uma rede de interesses independentes e parceiros que contribuem para a eficiência da própria empresa. No entanto, o pensamento sobre quem deve ser considerado um "stakeholder" e cuja responsabilidade corporativa é diferente dos vários autores. Por exemplo, Freeman (1984) vê como "qualquer grupo de indivíduos que pode afetar os objectivos de uma empresa ou é influenciado pela realização dos objectivos da empresa". De forma ainda mais restrita, os stakeholders definem-nos como detentores de risco. Nomeadamente, Freeman considera que um acionista deve possuir alguma forma de capital de risco, seja ele financeiro ou humano, e, por conseguinte, deve ter algo a perder ou a ganhar, dependendo do comportamento da empresa.[23]

É importante salientar a abordagem sistémica da identificação das partes interessadas. O envolvimento das partes interessadas deve ser visto e implementado no contexto de um projeto específico e, para o fazer, é necessário prestar especial atenção às caraterísticas específicas do projeto, bem como às circunstâncias em que o projeto está a ser implementado. Cada situação é diferente, com a sua própria história, problemas, pessoas, com a localização e estrutura das organizações em que é realizado e com diferentes métodos de tomada de decisão. Além disso, as partes interessadas, as pessoas, as povoações, as instituições, as organizações, as sociedades e até o ambiente

---

[23] Klindzic, M., Knezevic, B., Maric, I.: "Stakeholder Analysis of Social Supermarkets",Poslovna izvrsnost: znanstveni casopis za promicanje kulture kvalitete i poslovne izvrsnosti, 10(1), 2016, str. 151-165

podem fazer parte de um determinado contexto. Por estas razões, é importante desenvolver uma abordagem sistémica para identificar as partes interessadas .[24]

A classificação das partes interessadas em primárias e secundárias é uma abordagem, enquanto a identificação das partes interessadas voluntárias e involuntárias é outra. Outros estudos centram-se mais na categorização e avaliação dos diferentes tipos de partes interessadas. Em relação a grupos específicos de partes interessadas, a maioria dos autores na literatura enumera os seguintes grupos: gestão, acionistas (proprietários de capital), empregados, compradores, fornecedores, comunidades locais, governos e respectivas agências, administração pública, grupo de activistas e sindicatos, tribunais, tipo, público, comunidade científica, organizações não governamentais, ecologistas, meios de comunicação social, crianças, investidores e credores. Por exemplo, as principais partes interessadas incluem normalmente "empregados" e "sindicatos" como partes interessadas internas, e o público, os media e o governo como partes interessadas externas.

A gestão das partes interessadas prossegue a partir da lista de potenciais partes interessadas acima referida e tem lugar a três níveis: identificação das partes interessadas, desenvolvimento do processo que reconhece as suas necessidades e interesses e estabelece e constrói relações com elas, bem como todo o processo estruturado de acordo com os objectivos organizacionais. Ao desenvolverem as suas estratégias organizacionais, as empresas têm de aceitar a responsabilidade por numerosas partes interessadas internas e externas. Devem também aceitar o facto de que cada grupo de partes interessadas terá expectativas diferentes em relação à forma como a empresa funciona, o que pode causar conflitos entre a empresa e as suas partes interessadas. Um bom exemplo é o dos proprietários, que devem maximizar os seus lucros, enquanto os trabalhadores esperam, ao mesmo tempo, condições de trabalho seguras. A falta de uma estratégia, por exemplo, que vise a maximização de um, não satisfará as expectativas de outros grupos de partes interessadas (stakeholders). O

---

[24] Mathur, V. (2007) Defining, identifying and mapping stakeholders in the assessment of urban sustainability, Glasgow

resultado será um "conflito" entre a organização e as suas partes interessadas.

A gestão das partes interessadas prossegue com a lista supramencionada de potenciais partes interessadas e ocorre a três níveis: identificação das partes interessadas, desenvolvimento de processos que reconheçam as suas necessidades e interesses e estabeleçam e construam relações com elas, bem como todo o processo estruturado de acordo com os objectivos organizacionais. Ao desenvolverem as suas estratégias organizacionais, as empresas têm de aceitar a responsabilidade por numerosas partes interessadas internas e externas. Devem também aceitar o facto de que cada grupo de partes interessadas terá expectativas diferentes em relação à forma como a empresa funciona, o que pode causar conflitos entre a empresa e as suas partes interessadas. Um bom exemplo é o dos proprietários, que devem maximizar os seus lucros, enquanto os trabalhadores esperam, ao mesmo tempo, condições de trabalho seguras. A falta de uma estratégia, por exemplo, que vise maximizar os lucros, não vai satisfazer as expectativas dos outros grupos de partes interessadas (stakeholders). O resultado será um "conflito" entre a organização e as suas partes interessadas.

Algumas partes interessadas, como os trabalhadores e os clientes, numa perspetiva empresarial, são a chave para a sobrevivência. A razão para tal é o facto de a organização fornecer os seus recursos básicos. Esta forma de conclusão está sobretudo relacionada com a teoria instrumental das partes interessadas. Fornece respostas básicas à questão de saber por que razão os interesses das partes interessadas devem ser tidos em conta quando se decide a forma de dirigir e controlar a organização. No desejo de abordar estes aspectos de uma forma mais completa e integradora, tendo em conta os interesses da maioria das partes interessadas, o processo de ligação eficiente de todas as partes interessadas deve ser concebido da seguinte forma (Freeman, 1984):

- Identificação das partes interessadas relevantes (grupos de interesse) relacionadas com o resultado definido
- Determinar a proporção e a importância de cada parte interessada
- Determinar a eficácia com que atualmente satisfazem as necessidades ou expectativas de cada grupo

- Modificiranje korporativne politike i prioriteta uzimajuci u obzir interese dionika
- Alterar a política e as prioridades da empresa, tendo em conta os interesses das partes interessadas [25]

Os processos conjuntos são reforçados pela abordagem criativa que um maior número de partes interessadas pode adotar para enfrentar os desafios. As negociações presenciais permitem uma pesquisa mais pormenorizada e uma investigação mais profunda das questões que surgem durante o trabalho. Ao envolverem-se na procura de soluções para o problema, as partes interessadas terão mais probabilidades de fazer parte de soluções de qualidade, mas também de participar ativamente nelas. Isto é crucial em problemas como a gestão imobiliária, em que o apoio e a atividade de um grande número de partes envolvidas são obrigatórios. Para que haja uma discussão construtiva, é necessário um planeamento de qualidade, criando as condições para que as pessoas possam aprender umas com as outras, tirando partido das suas diferenças e começando a falar a mesma língua. O conflito pode ser construtivo e um processo bem supervisionado e orientado pode transformá-lo em boas ideias e investir energia na sua implementação. A avaliação permanente da cooperação é importante, tal como o são os parâmetros de referência dos resultados do projeto.[26]

4.3. Centros comerciais interessados

Dada a complexidade que representam os projectos como os centros comerciais, não é fácil identificar as partes interessadas. A identificação surge de uma pesquisa profunda de muitas publicações, bem como de proprietários típicos de centros comerciais, ou através do estudo da sua visão, missão e estratégia. Naturalmente, os comunicados de imprensa e publicações semelhantes podem ser de grande ajuda. Ao associar várias representações diferentes de diferentes tipos de centros de áreas geograficamente

---

[25] Klindzic, M., Knezevic, B., Maric, I.: "Stakeholder Analysis of Social Supermarkets",Poslovna izvrsnost: znanstveni casopis za promicanje kulture kvalitete i poslovne izvrsnosti, 10(1), 2016, str. 151-165
[26] Allen, W. (2010) Análise das partes interessadas, investigação Landcare

distantes, obtém-se essa classificação geral.

O primeiro grupo de partes interessadas é, obviamente, o dos acionistas e parceiros financeiros. Os seus principais objectivos no âmbito de um projeto como um centro comercial são, obviamente, o bom desempenho financeiro do projeto. Para além disso, é importante notar a estabilidade e a continuidade deste negócio. Tudo isto deve ser transparente para fazer sentido. Os principais objectivos são maximizar o valor para os acionistas e o retorno do investimento através de uma abordagem proactiva da gestão.

O segundo grupo de partes interessadas são os lojistas do centro comercial. Depois dos proprietários ou da direção do centro, são os que têm maior influência e, portanto, maiores expectativas. A qualidade da relação entre o lojista e o proprietário é crucial. A conceção conjunta dos conceitos e a sua implementação são as únicas perspectivas de sucesso de um determinado centro. A chave da sua relação é a sinergia que dela resulta. A sua cooperação também se manifesta na ecologia e no seu impacto no ambiente. Através de forças conjuntas, podem influenciar grandemente estas questões.

Os visitantes do centro comercial são o próximo grupo de stakeholders. A qualidade da experiência do consumidor nos centros comerciais é o cerne da viabilidade económica de um projeto como um centro comercial. Esta experiência é o resultado do trabalho intensivo de várias áreas - desde a segurança e proteção, manutenção, actividades de marketing até à pesquisa das necessidades dos consumidores.

Outro grupo de stakeholders são os funcionários dos centros comerciais. Estes devem estar satisfeitos para melhor influenciar o sucesso do centro comercial. Como em qualquer outra relação com os trabalhadores, também aqui temos de ter em mente que todos têm oportunidades iguais, um ambiente de trabalho seguro que promova a igualdade e a diversificação, recompense os sucessos e as realizações, incentive o desenvolvimento da carreira através da formação e da mobilidade. Esta relação é importante para o emprego, através do desenvolvimento dos trabalhadores e do acompanhamento da evolução da carreira.

Os possíveis parceiros económicos são um grupo especial de partes interessadas. Se existirem, deve ser tida em conta a qualidade dos seus serviços. Devem respeitar e ser leais aos mesmos valores e objectivos para não entrarem em colisão com eles.

As autoridades públicas ou os seus representantes são também partes interessadas nos centros comerciais. Devem cooperar ativamente desde a fase de preparação e planeamento de um projeto como um centro comercial. Esta caraterística é ainda mais importante quando observada pelo prisma do papel social que o centro assume logo após a sua abertura. O centro é a representação, um retrato, da comunidade em que se insere, pelo que estes projectos devem certamente ser de grande importância e prioritários para as autoridades públicas.

As organizações comunitárias locais têm um grande interesse no desenvolvimento de projectos como um centro comercial. São as partes interessadas porque é o local mais importante de atuação para elas, o meio de comunicação e a expressão pública. Os centros comerciais são a resposta perfeita à questão de saber onde é melhor apresentar o seu trabalho.

O sector do imobiliário comercial, em geral, é também um interveniente. A definição de um centro comercial é, entre outras coisas, imobiliária, e é aqui que a importância desta indústria é evidente. Cada novo centro comercial afecta grandemente esta indústria. Não só a abertura de novos centros, mas também a sua gestão, que pelo seu trabalho afecta diretamente o crescimento ou declínio desta propriedade.

Grupos especiais de fornecedores podem também ser partes interessadas nos centros comerciais. Estes fornecedores prestam serviços como aconselhamento jurídico, soluções arquitectónicas e serviços semelhantes para a exploração de um projeto deste tipo. As relações sociais e económicas com os fornecedores são regidas por regras internas rigorosas e, posteriormente, por leis e regulamentos locais e estatais.

5.1. Objeto e objectivos da investigação

Algum tempo após a abertura do centro comercial, este começa também a desempenhar um papel social na comunidade em que se insere. Os visitantes dos centros comerciais não vão apenas para fazer compras, mas em busca de outros conteúdos e motivações. O objetivo do inquérito foi mostrar que na perceção dos visitantes dos centros comerciais é inegável a existência de uma percentagem de pessoas que têm outros motivos que não as compras quando visitam um centro comercial.

As perguntas mais importantes do questionário do inquérito estavam, portanto, relacionadas com a perceção dos centros comerciais, as razões ou motivos para visitar os centros comerciais e a empresa em que o centro comercial está a ser visitado.

5.2. Amostra e metodologia

Os dados foram recolhidos exclusivamente através do questionário em linha. Foram tidos em conta todos os inquiridos que acederam ao inquérito e responderam a todas as perguntas obrigatórias. Por conseguinte, os questionários do inquérito só podiam ser corretamente preenchidos, não havendo necessidade de desqualificação.

O número final de questionários preenchidos em que a investigação é efectuada para as necessidades do trabalho é de 484. O documento aborda principalmente as respostas que estão de acordo com as perguntas de investigação que foram colocadas.
O questionário do inquérito tinha cinco grupos de perguntas. O primeiro grupo de perguntas consiste em perguntas demográficas que mostram as caraterísticas dos inquiridos. O segundo grupo de perguntas está relacionado com a situação económica dos inquiridos e com o consumo nos centros comerciais. O terceiro grupo de perguntas

está relacionado com a motivação e a perceção positiva de tudo o que o centro comercial representa para os inquiridos, enquanto o quarto grupo de perguntas é exatamente o oposto e dá uma ideia das caraterísticas que podem distrair os visitantes dos centros comerciais das suas visitas. O último grupo de perguntas descreve maioritariamente a visita em si e, por conseguinte, descreve o papel social presumivelmente importante dos centros comerciais.

Depois de estabelecidos os objectivos, procedeu-se a uma pesquisa descritiva simples em que se utilizou um inquérito por questionário como instrumento de investigação. Dado que se trata de um inquérito que envolve exclusivamente inquiridos que utilizam ativamente a Internet, o questionário é distribuído exclusivamente em formato digital.

A primeira etapa da elaboração de um questionário de inquérito consistiu em traduzir os objectivos em perguntas simples e compreensíveis para os inquiridos. O segundo passo na compilação do questionário do inquérito consistiu em estabelecer ligações lógicas entre as perguntas. O questionário final foi transferido para um formato digital utilizando a aplicação Google Forms. O questionário final é composto por 18 perguntas obrigatórias e a última pergunta aberta.

5.3. Discussão dos resultados

As três primeiras perguntas aos inquiridos destinavam-se a determinar as caraterísticas demográficas - idade, sexo e país em que vivem atualmente.

Um grupo de perguntas sobre a situação económica e o consumo é interessante de dois pontos de vista: em primeiro lugar, trata-se da avaliação que os inquiridos fazem da sua situação económica, o que é extremamente importante porque a ideia de toda a investigação é a impressão subjectiva, e depois a segunda parte, ou seja, a percentagem de consumo nos centros comerciais em relação ao rendimento total. Nomeadamente, mais de 60% dos inquiridos consideram que a sua situação económica é boa ou muito boa, enquanto outros inquiridos consideram que a sua situação económica é inferior a média ou mediana. Esta impressão subjectiva é um ponto de partida para o consumo adicional que pode ser feito em ofertas adicionais dos centros comerciais, e é precisamente por isso que esta informação é muito importante.

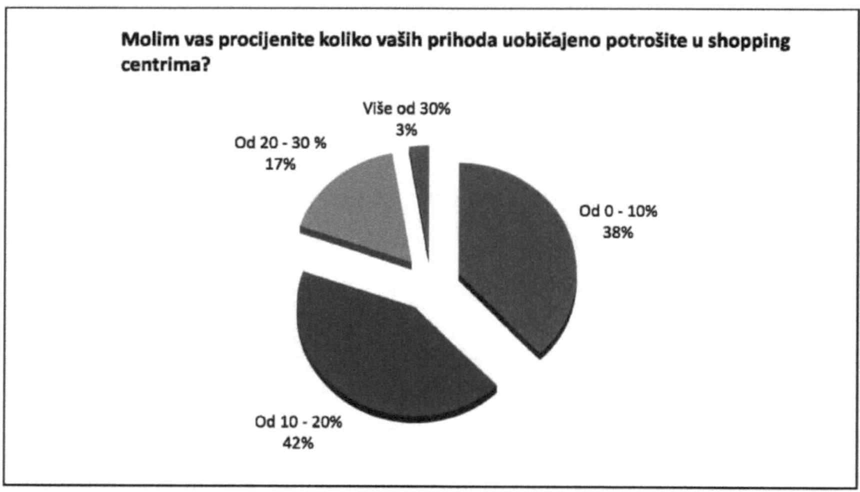

Imagem 1: A primeira página do sítio web da posjetitelja trgovackih centara

Izvor: vlastito istrazivanje

Como se pode ver no gráfico n.º 1, 10-20% do rendimento dos visitantes é gasto em centros comerciais, e até 30% do seu rendimento é gasto por 97% dos inquiridos. Esta é uma informação comercial significativa em geral e não apenas quando se olha para ela através do prisma dos centros comerciais.

Grafikon 2: Odnos broja obavljenih kupovina i broja posjeta trgovackom centra

Izvor: vlastito istrazivanje

Em cada visita ao centro comercial, 27% dos inquiridos fazem compras, enquanto 46% dos inquiridos o fazem frequentemente. Estes dados indicam quantos visitantes dos centros comerciais fazem as suas despesas utilizando alguns dos conteúdos de entretenimento e não apenas fazendo compras.

No grupo seguinte de perguntas, era importante identificar todas as associações positivas ao termo "centro comercial", bem como os motivos para frequentar os centros. No que diz respeito às associações positivas, 75% dos inquiridos associam-nas às compras propriamente ditas. As respostas dadas foram: socializar com os amigos, reunir a família, fazer compras, cinemas e concertos, boa comida, espaço agradável e um ambiente agradável. Mas aqui é importante salientar que outras respostas ao tempo passado nos centros comerciais incluem outras actividades que não envolvem compras. Este é certamente um bom sinal para os proprietários e gestores dos centros comerciais de que a oferta de outros conteúdos precisa de ser aprofundada e tem espaço para progredir. Analisando os motivos da ida aos centros comerciais, é de notar que a maioria dos inquiridos é da Croácia, e ainda não é comum ou mais frequentemente, para organizar eventos especiais nos centros comerciais. Isto explica facilmente o facto de os inquiridos não se sentirem motivados para organizar exposições, desfiles de moda, eventos culturais ou concertos nos centros comerciais. Da mesma forma, os inquiridos não vêem os centros comerciais como locais adequados para a realização de reuniões de negócios. E, a este respeito, confirma-se que uma compra adequada não é o principal motivo para ir a um centro comercial, bem como um parque de estacionamento conveniente. A expetativa de actividades divertidas e a socialização com os amigos atraem os visitantes, enquanto as cadeias de lojas preferidas não têm o grande poder de atração esperado.

Os visitantes dos centros comerciais são, portanto, geralmente vistos como consumidores com uma situação económica média ou acima da média, que consomem uma parte significativa do seu rendimento nos centros comerciais, mas que, no entanto, em muitos casos, não fazem compras - o que significa que o seu rendimento é gasto noutra oferta nos centros comerciais. A sua motivação para vir nem sempre está nas compras, mas em várias formas de socialização e diversão.

O grupo seguinte de perguntas explica as causas que impedem a visita aos centros comerciais, bem como as associações negativas ao termo 'centro comercial'. No que diz respeito às associações negativas dos inquiridos, as respostas dadas foram: despesas, pessoal inadequado, pés cansados, demasiadas pechinchas, pouco estacionamento, demasiadas ofertas dos retalhistas e demasiados sacos. 30% dos inquiridos associam os custos como a primeira associação. O número seguinte é impressionante: 24% dos inquiridos consideram que os pés cansados são a primeira associação negativa. Este é um problema relativamente fácil de resolver - é necessário oferecer instalações ou locais para desocupar que possam permitir uma estadia mais longa e mais confortável aos visitantes dos centros. O fator mais importante para desmotivar os visitantes do centro é o que pode ser classificado como factores de tráfego - principalmente a distância do centro comercial e depois a ligação de tráfego ao próprio centro comercial, bem como a estrada congestionada. Certamente, causas interessantes de associações negativas no conceito analisado são a falta de um layout e organização claros dos centros comerciais, o tamanho dos centros e as multidões. Estes factores podem estar ligados de forma causal e consequente, mas esta ligação deve ser mais investigada. Sem dúvida, eles são um sinal importante para os investidores. Há mais dois aspectos interessantes quando se analisam estas respostas - as más condições climatéricas podem dissuadir os visitantes de visitar os centros comerciais, o que é invulgar, tendo em conta o facto de a maioria deles estar coberta; igualmente oposto ao esperado é o facto de um grande número de visitantes não estar desmotivado pelo facto de em alguns centros comerciais não existirem retalhistas favoritos.

O último grupo de perguntas é o que define com mais precisão as caraterísticas de uma visita aos centros comerciais. O gráfico seguinte, o gráfico número 3, descreve melhor a frequência das visitas aos centros comerciais. A maioria dos inquiridos visita os centros comerciais uma vez por mês, mesmo metade, enquanto um quarto os visita semanalmente.

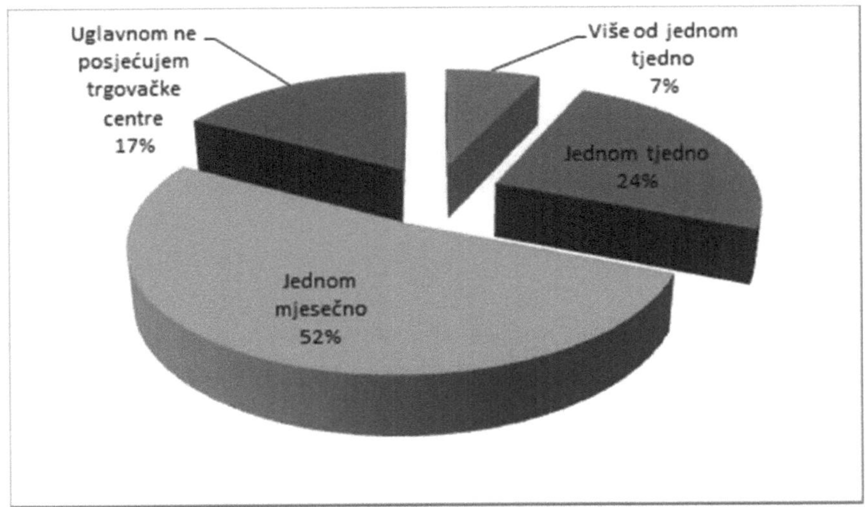

Grafikon 3: Ucestalost posjecivanja trgovackih centara

Izvor: vlastito istrazivanje

A questão seguinte é colocada para ver com quem os visitantes vão aos centros comerciais. A ida independente ao centro comercial é a escolha de apenas 27% dos inquiridos. 29% vão com um parceiro, 20% com a família e 15% com amigos, a par de outras saídas com outra forma de companhia. Estes dados apontam largamente para a importância do papel social dos centros comerciais - em menos de um terço dos casos, os inquiridos visitam os centros comerciais sozinhos. Muito interessante na visita aos centros comerciais é o facto de, apesar de serem visitados com relativa raridade, certamente não são frequentes, os visitantes estão atentos ao trânsito mas também têm os seus centros preferidos. O melhor é mostrar o próximo gráfico, o gráfico número 4.

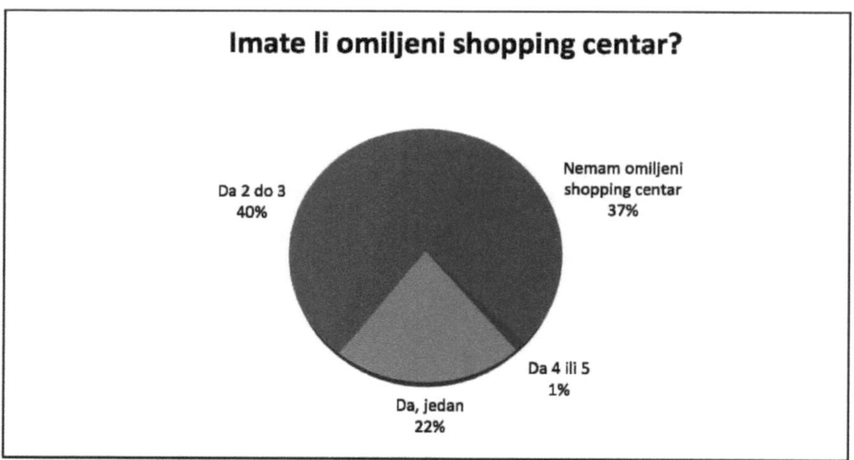

Imagem 4: Centro de informação e comunicação Omiljeni posjetitelja

Izvor: vlastito istrazivanje

Entre todos os inquiridos, quase ninguém não tem um centro comercial preferido. Apenas 21,9% dos inquiridos têm apenas um centro comercial preferido. No que respeita à escolha de um centro comercial ou às razões da escolha, voltamos a respostas interessantes. Apenas 7,7% são escolhidos pelos retalhistas presentes, enquanto a distância é importante para 3,9% dos inquiridos e 3,1% considera a dimensão do centro comercial como essencial. Entre as outras respostas dadas estão a imagem de um centro comercial, uma boa oferta de hospitalidade e entretenimento. Apesar de todos estes factores serem considerados como factores determinantes para a escolha de um centro comercial, a grande maioria dos inquiridos escolhe "outro" como resposta. Depois de encontrarem o que procuram num centro comercial selecionado, os consumidores não estão dispostos a ir a outros centros comerciais ou desistem das compras ou terminam as suas compras fora do centro comercial em mais de 90% dos casos.

Para a pergunta aberta sobre o que mudariam num centro comercial favorito, esperava-se que os inquiridos respondessem de forma diferente. Há toda uma série de respostas repetitivas que dizem como mudariam a distância ou a conetividade do tráfego. A distância não pode ser alterada, mas o transporte gratuito para os centros deve ser mais frequente - especialmente tendo em conta as novas tendências, como a de que os jovens não têm carro. As alterações climáticas ou mais luz do dia são uma indicação de que todos querem uma redução máxima da impressão de espaço artificial. Naturalmente, a resposta mais frequente foi o aumento da oferta nos centros comerciais, mas há também um aumento da oferta de entretenimento.

O objetivo do inquérito era mostrar a importância do papel social dos centros comerciais. O questionário do inquérito em linha examinou 484 inquiridos. O questionário foi concebido de forma a que todos os dados pudessem ser processados. Todos os dados são processados em massa, independentemente dos dados demográficos. A maior ênfase foi dada à impressão subjectiva dos inquiridos, que são também os visitantes dos centros comerciais, porque esta impressão dá uma imagem dos hábitos, expectativas e necessidades dos consumidores.

A impressão dos inquiridos sobre a sua situação económica é, acima de tudo, muito interessante. Embora a maioria dos inquiridos seja do território da República da Croácia, a maior parte deles avalia a sua situação como boa ou muito boa. Este dado, uma vez que a grande maioria gasta até 30% do seu rendimento em centros comerciais, é um indicador para os investidores e gestores de que os compradores têm e querem gastar os seus fundos nos centros comerciais. Também é importante acrescentar que cada visita ao centro comercial não termina com gastos em compras, mas na maioria dos casos, são gastos. Isto significa que as suas despesas estão relacionadas com outros serviços e entretenimento nos centros.

Os inquiridos visitam maioritariamente os centros comerciais aos fins-de-semana, o que pode estar relacionado com o trânsito que criticam - se fosse mais acessível, os visitantes poderiam visitar os centros durante os dias úteis. Da mesma forma, isso reduziria as multidões durante os fins-de-semana.

Com base na interpretação dos resultados da investigação, é possível concluir que o papel social dos centros comerciais é extremamente importante e, segundo muitos resultados, há muito espaço para melhorias. A oferta de entretenimento e outros conteúdos (exposições, eventos culturais, desfiles de moda, apresentações de produtos, etc.) é muito inferior ao que poderia ou deveria ser. Se essa oferta fosse maior, mais visitantes viriam aos centros comerciais. Se essa oferta fosse maior, mais visitantes viriam aos centros comerciais, e isso influenciaria o aumento do consumo, que já está num nível invejável.

CAPÍTULO 5

CONCLUSÕES

O objetivo deste artigo foi relacionar a importância do tenant mix e o papel social do centro comercial. Não é sem razão que o tenant mix é descrito na literatura como a sua parte vital - sem os lojistas, não há centro comercial. Mas o papel social que o centro desenvolve através do seu trabalho é significativo e não tem sido recompensado com a devida atenção. O papel social não é planeado e o seu estabelecimento deve ser tido em conta no planeamento do próprio centro.

O centro comercial é considerado o melhor conceito de utilização do solo, de bens imobiliários e de comércio a retalho do século passado. Os centros comerciais são vistos como criações de consumo da nova era. Apesar de tais descrições fortes, que são a realidade, a quantidade e o âmbito dos estudos efectuados relacionados com os centros comerciais não é suficiente. Assim, não existem definições, classificações e regras harmonizadas suficientes. A complexidade do tema não deve servir de desculpa para a falta de definições e regras uniformes.

Os lojistas são o tecido de construção de cada centro comercial, e o tenant mix, a sua seleção e colocação no espaço, é exatamente o que vai determinar o sucesso do centro. Só um mix que tenha um efeito sinérgico e resulte numa interação positiva intensa conduz ao sucesso de um centro comercial. Os lojistas dividem-se em lojas-âncora e outros lojistas. Os lojistas-âncora são os que exercem uma enorme atração sobre os visitantes, que terão um papel fundamental na fase inicial após a abertura do centro comercial, uma vez que colocarão o centro comercial no mapa dos consumidores. Os outros lojistas devem ser complementares à âncora e complementar-se estrategicamente. A avaliação dos lojistas deve ser realizada constantemente para monitorizar o sucesso do puzzle dos lojistas e ajustada de acordo com as exigências dos consumidores e com a observância de limitações objectivas. A avaliação dos lojistas é, na verdade, uma avaliação do sucesso de um centro comercial.

A análise dos stakeholders dos centros comerciais é também importante para definir a força do papel social do centro comercial. Só quando se sabe quem são todos os stakeholders é que se pode compreender a dimensão do papel dos centros comerciais. Os stakeholders dos centros comerciais são: acionistas ou proprietários, administração do centro comercial, lojistas, visitantes do centro comercial, colaboradores, parceiros económicos, autoridades públicas e vários organismos governamentais locais, organizações comunitárias locais, indústria imobiliária comercial e um grupo especial de fornecedores. O número de partes interessadas é grande e algumas delas têm uma grande força. Tendo em conta o que todos os grupos de interesse estão a tentar ter em consideração, é inevitável que um centro comercial tenha um vasto papel social.

Após a análise teórica dos conceitos e termos, foi realizado um inquérito que mostra e descreve os hábitos dos visitantes dos centros comerciais e fornece os determinantes do papel social dos centros comerciais. Alguns dos dados mais importantes são a perceção do estatuto económico de um grande número de visitantes, a proporção dos que nem sempre fazem compras nas suas visitas aos centros comerciais - assim já existe uma grande proporção dos que visitaram os centros comerciais por outras razões que não as compras, as impressões das experiências dentro dos centros comerciais, tanto positivas como negativas. É por isso que tem sido efectuada investigação empírica sobre as atitudes dos visitantes em relação aos centros comerciais. A investigação demonstrou que os visitantes querem ser mais bem informados, querem encontrar mais facilmente o seu caminho através dos centros comerciais, mais facilidade de deslocação e mais locais de descanso. Além disso, é muito importante constatar que os visitantes procuram mais conteúdos de entretenimento, o que sugere que também visitariam mais vezes os centros comerciais se esses conteúdos fossem melhorados.

No final, é fácil concluir que o papel social dos centros comerciais é extremamente significativo. Este papel não é suficientemente investigado, mais especificamente, esse papel não é planeado e controlado. Ao planear um projeto, como um centro comercial, seria necessário realizar uma pesquisa que pudesse determinar o papel social que afecta os hábitos de consumo. Esta influência, que pode ser muito mais direta do que é, é extremamente importante para o sucesso dos centros comerciais, mas também para a perceção que os visitantes têm deles. Um planeamento ativo do papel social deve ser parte integrante do planeamento do tenant mix, tudo para potenciar o sucesso dos centros comerciais.

BIBLIOGRAFIA

1. Allen, W.: "Stakeholder analysis", Landcare research, 2010
2. Beyard, D., O'Mara, P.: "Shopping Center Development Handbook 3rd edition", ULI-the Urban Land Institute, Washington, D.C., 2006.
3. Bloch, P., Ridgway, N., Dawson, S.: "The shopping mall as consumer habitat", Journal of retailing, Vol. 70, Iss. 1, 1994, str 183-203
4. Bruwer, J.: "Solving the ideal tenant mix puzzle for a proposed shopping center: a practical research methodology", Property Management, Vol. 15 Iss: 3, 1997, str. 160-172
5. Carter, C.: "A Method for Determining Optimal Tenant Mix (Including Location) in Shopping Centers", Cornell Real Estate Review, 10, 2012, str.72-85
6. Craig A., Turley, M.: "Malls and consumption motivation: an exploratory examination of older Generation Y consumers", International Journal of Retail & Distribution Management, Vol. 32 Iss 10, 2004, str. 464 - 475
7. El-Adly, M.: "Shopping malls attractiveness: a segmentation approach", International Journal of Retail & Distribution Management, Vol. 35, Iss. 11, 1994, str 936-950
8. Finn, A., Louviere, J.: "Cutting Edge Research in Retailing Shopping center image, consideration, and choice: Anchor store contribution", Journal of Business Research, Vol. 35, Iss. 3, 1996, str 241-251.
9. Freeman, R.: "A Stakeholder Approach to Strategic Management", Blackwell Publishing, Oxford, 2001
10. Garg, A., Steyn, S.: "The Ideal Tenant Mix and Shopping Centre Size for the

Proposed Thatchfield Convenience Centre", International Journal of Business and Management; Vol. 10, No. 1; 2015

11. Gilboa, S., Vilnai-Yavetz, L: "Shop until you drop? An exploratory analysis of mall experiences ", European Journal of Marketing, Vol. 47, Iss. 1/2, 2013, str 239-259

12. H0K

http://infos.hok.hr/faq/f_tehnicka_pitanja/f2_organizacija_rada/klasifikacija_pr odavaonica

13 Klindzic, M., Knezevic, B., Maric, I. : "Stakeholder analysis od social supermarkets", Poslovna izvrsnost: znanstveni casopis za promicanje kulture kvalitete i poslovne izvrsnosti, 10(1), 2016, str. 151-165

14 .Mall Architecture, http://mallarchitecture.weebly.com/types-of-shopping-malls.html

15 Mathur, V.: "Defining, identifying and mapping stakeholders in the assessment of urban sustainability", Glasgow, 2007

16 .0ujuk, C.: "Analysis of tenant mix in shopping malls.The case study of the junction and T malls", Nairobi, 2010

17. Reikli, M.: "The Key of Success in Shopping Centers", MOK XIV, Budapeste, 2012

18. Singh, H., Sahay,V.: "Determinants of shopping experience", International Journal of Retail & Distribution Management, Vol. 35 Iss 35,2012, str. 936 - 950

19. Vural, T.,Filiz, A., Sezer, S.Jsigicok, E: "Magnetism of shopping malls on young Turkish consumers", Young Consumers, Vol. 11 Iss , 2010 str. 178 - 1

20. Zafar,A.: /'Malaysian shopping mall behavior: an exploratory study", Asia Pacific Journal of Marketing and Logistics, Vol. 19 Iss 4, 2007, str. 331 - 348

I want morebooks!

Buy your books fast and straightforward online - at one of world's fastest growing online book stores! Environmentally sound due to Print-on-Demand technologies.

Buy your books online at
www.morebooks.shop

Compre os seus livros mais rápido e diretamente na internet, em uma das livrarias on-line com o maior crescimento no mundo! Produção que protege o meio ambiente através das tecnologias de impressão sob demanda.

Compre os seus livros on-line em
www.morebooks.shop

Printed by Books on Demand GmbH, Norderstedt / Germany